AdventsZauber
von A – Z

Originalausgabe:
Jule ALFABETET – fra Adventskrans til Årstidsfest
© Gyldendalske Boghandel, Nordisk Forlag A/S, Denmark 2005
ISBN 87-02-04138-3

Deutsche Ausgabe:
© Verlag BusseSeewald GmbH, Herford, 2007
Übersetzung: Frauke Watson, F-Callian
Satz: Punkt für Punkt GmbH · Mediendesign, Düsseldorf
gedruckt und gebunden in Hong-Kong

ISBN 978-3-512-03307-0

Lise & Kristian Septimius Krogh

*Advents*Zauber *von A – Z*

Inspirierende Ideen für eine stimmungsvolle Zeit

Übersetzung von Frauke Watson

Lifestyle by BUSSE SEEWALD

du plus
Beau

Inhalt

Vorwort

Jede Jahreszeit hat ihren ganz besonderen Charme, doch die Adventszeit übt wohl auf die meisten von uns einen ganz besonderen Zauber aus. Sie ist mit einer großen Vielfalt von regionalen und ganz persönlichen Traditionen verbunden, sowohl in der warmen vorweihnachtlichen Stube als auch draußen in freier Natur.

Mit dem Advents-ABC habe ich meine eigenen Ideen und Erfahrungen mit Winter und Weihnachtszeit in Form eines Alfabets zusammengestellt. Ich hoffe, dass es Sie dazu anregt, sich ganz auf all die Aktivitäten einzulassen, die diese schöne Zeit zu bieten hat.

Vor allem sollten Sie sich nun viel Zeit für sich selbst und Ihre Lieben nehmen – anstatt sich übertriebenen Stress zu machen, wie es so viele leider tun. Es ist nämlich durchaus möglich, die Advents- und Weihnachtszeit zu entspannt zu genießen.

Wenn die Tage kürzer und die Winterabende immer länger werden, gestaltet sich auch die Tagesplanung ganz anders. Wir verbringen viel mehr Zeit im Haus, vielleicht vor dem Kamin oder, in warme Decken gewickelt, mit einem Buch auf dem Sofa. Kerzen werden angezündet und das ganze Haus duftet nach den Früchten und Gewürzen der Jahreszeit: Orangen, Gewürznelken und Hyazinthen ... Nun sollte man das Beste aus dem begrenzten Tageslicht machen – nichts wie hinaus ins Freie, wenn der Morgen einmal sonnig und frostklar anbricht und draußen alles vor Raureif nur so glitzert. So ein Winterspaziergang macht die Füße warm und die Wangen rot.

Der Winter ist eng mit der Weihnachtszeit verbunden, die für einige von uns schon Mitte November beginnt und erst im Januar endet. Nun ist die Zeit der Familienbesuche und der vorweihnachtlichen Spaziergänge in Wald und Flur, um Tannenzapfen und Tannengrün zu sammeln. Die Weihnachtsgans wird beim Bauern bestellt und der Tannenbaum ausgesucht. Nach einer Schlitten- oder Wandertour mit heißen Getränken aus der Thermoskanne versammelt man sich zum Spielen um den Esstisch – und die Küche wird zur wunderbar duftenden Weihnachtswerkstatt, wo Groß und Klein beim Kekse backen und Konfekt machen mit helfen dürfen.

Dann geht es endlich ans Basteln von Weihnachtsschmuck und das Aussuchen der Geschenke. Denn wenn die erste Kerze am Adventskranz angezündet wird, ist Weihnachten nicht mehr weit. Es gibt viel zu tun vor dem großen Tag – aber glücklicherweise können wir selbst entscheiden, wieviel Stress wir uns machen wollen. Die Kunst liegt auch hier, wie so oft, im Detail. Daher werden Sie hier auch keine hochkomplizierten Dinge finden – alles ist einfach, schlicht und vor allem schnell gemacht: schöne Dinge für ein zwangloses Weihnachtsfest.

Für mich ist und bleibt die Weihnachtszeit ein Höhepunkt des Jahres. Auch meine inzwischen erwachsenen Kinder teilen diese Ansicht – und das, obwohl es seit jeher zu unserem Broterwerb gehört, das ganze Jahr über Weihnachtsschmuck zu basteln und zu fotografieren. Nicht zuletzt deshalb ist unser eigenes Weihnachtsfest jedoch eine sehr schlichte Angelegenheit, wie Sie auch in diesem Buch sehen können.

Bei einer unserer Weihnachtsparties im letzten Jahr fragte ich meine Freunde, was Weihnachten eigentlich für sie bedeutet. Manche mussten lange überlegen, andere begannen sofort zu erzählen und wieder andere fanden überhaupt keine Antwort. Es wurde mir klar, dass besonders das Weihnachtsfest eine sehr persönliche Angelegenheit und zugleich untrennbar mit ganz bestimmten Erfahrungen und Erwartungen verbunden ist – in positiver wie auch in negativer Hinsicht.

Es war eine interessante Unterhaltung, bei der viel zuvor Uneingestandenes an Licht kam. Das Fazit war, dass es dabei zu allererst auf uns selbst ankommt. Wir entscheiden, was Weihnachten für uns bedeutet und schaffen dadurch unsere eigenen Traditionen. Vor allem hatte ich an diesem denkwürdigen Abend das Gefühl, dass meine eigene Interpretation der Weihnachtsstimmung bei meinen Freunden sehr gut ankamen.

Ich liebe den kalten Winter mit seinen unzähligen Weißschattierungen und der frostklaren Luft nun einmal ganz besonders. Daher nehme ich mir für den Advent jedes Jahr aufs Neue sehr viel Zeit. Blättern Sie nach im Advents-ABC – vielleicht geht es Ihnen ganz wie mir!

Lise Septimius Krogh

Adventskränze

Kaufen Sie beim Blumenhändler einen fertigen Kranz aus Tannengrün – oder binden Sie ihn selbst. Auf den Folgeseiten zeigen wir Ihnen, wie daraus mit wenigen Handgriffen ein kleines Kunstwerk wird.

Das Material für einen prächtigen Kranz ist schnell zur Hand: Kerzen, Stechpalmenzweige, Moos, Dekoband und Schleifen, Rosen, Glimmer – und was sich sonst noch bei Ihnen zu Hause findet!

Islandmoos und Stechpalme: In diesem Kranz stecken vier an der Basis mit Moos umwickelte selbstlöschende Kerzen. In jedem Moospolster steckt ein mit Glitzerleim und Silberschleife verzierter Stechpalmenzweig.

Ein schlichter Tannenkranz liegt auf einem großen Teller. In der Mitte stehen dicht zusammen vier dicke Stumpenkerzen. Rund um die Kerzen sowie um den Tellerrand steckt je ein Ring von Kiefernzapfen. Der obere Ring wurde noch zusätzlich mit Glitzerleim verziert.

Rosen in Pink und rot. Die Rose ist das Sinnbild der Maria und daher zu Weihnachten durchaus nicht fehl am Platze. Hier wurden Rosenblüten und Kerzen (mit Zahnstochern oder Blumendraht) asymmetrisch auf einem schlichten Tannenkranz befestigt.

Rosen in Pink und Rot

Advent, Advent ...

... ein Lichtlein brennt. In dem grünen Tannenkranz stecken vier traditionelle weiße Adventskranzkerzen. Die Dekoration besteht aus Zuckerstöcken und Schokokringeln mit Liebesperlen, die mit roten Schleifen an einem Stechpalmenzweig befestigt wurden.

Behaglichkeit

Wie wird dieses Jahr die weihnachtlich gedeckte Festtafel aussehen? Üppig dekoriert oder schlicht und einfach, mit Kerzen und Tannengrün oder doch lieber silberglänzend?

Wie ein Carl Larsson-Gemälde wirkt das ganz in Weiß gehaltene Esszimmer mit seinen Sprossenfenstern, durch die die helle Wintersonne auf den Festtisch fällt. Als einzige Weihnachtsdekoration hängen knallrote Äpfel im Fenster. Die voll erblühte Amaryllis auf der Fensterbank nimmt das rote Farbthema wieder auf, ebenso wie die Tischdekoration mit roten Rosen und typisch skandinavischen Weihnachtswichteln.

Wie bei Carl Larsson …

Kätzchen-weich: Für diesen Adventskranz wurden Weidenkätzchen dicht an dicht auf einen Styropor-Rohling geklebt. Darauf stecken selbstlöschende Stumpenkerzen und pastellfarbene Blüten aus Filz.

Duftende hellrosa Hyazinthen passen perfekt zu dem zartfarbigen Adventskranz und dem cremeweißen Wedgewood-Geschirr auf dem rustikalen Holztisch. Antike französische Gläser sowie Schalen und Kerzenhalter aus Bauernsilber runden das Bild ab. Im Fenster hängt ein Zierkranz aus Hopfen.

Stilvoll und edel: Weißes Geschirr auf einem blütenweißem Tischtuch aus Leinen, antike französische Gläser, türkische Teegläser mit Goldrand und schweres Silberbesteck.

Stillleben in Silber: Französisches Bauernsilber, antiker Christbaumschmuck und eine weiße Christrose werden zu einer stimmungsvollen Tischdekoration kombiniert.

Interessante Kontraste: Platzteller aus Zinn, Essteller im Zwiebelmuster, Silberbesteck und Kristallgläser mit Goldrand. Ein großer Sandsteinmörser aus Frankreich, flankiert von Hyazinthentöpfen bildet die Tischdekoration. An jedem Platzteller steckt ein Christbaumkerzenhalter mit einer brennenden Kerze und auf den Servietten liegt je ein Tannenzweig.

Chili und Schokolade

Chilipulver gibt Schokolade einen wunderbar raffinierten Beigeschmack. Ob ganz hauchzart oder ein wenig schärfer dosiert – der Geschmack ist einfach himmlisch!

Schokoladenfondue mit Chili und Ingwer

500 g Obst
500 g Zartbitterschokolade
1 rote Chilischote, der Länge nach halbiert
200 ml Schlagsahne
2 El Cognac oder Rum

Das Obst – z. B. Weintrauben, Orangen, Ananas, entsteinte Backpflaumen oder kandierter Ingwer – in mundgerechte Stücke oder Portionen teilen. Die Schokolade in kleine Stücke brechen und im Wasserbad schmelzen. Die Sahne erwärmen und vorsichtig nach und nach unter die geschmolzene Schokolade rühren, bis die Mischung glatt und glänzend ist.
Den Branntwein zugeben und die Masse zusammen mit der Chilischote in ein Fonduegefäß geben. Die Schokolade darf nicht kochen. Die Chili nicht essen, sondern herausnehmen, sobald die gewünschte Geschmacksintensität erreicht ist. Das Obst in die Schokolade tauchen und sofort vernaschen.

Orangenstäbchen mit Schokolade

Orangenstäbchen mit Schokolade und Chili

100 g Pomeranzenschale, in dünnen Streifen
100 g Schokolade
1 kleine rote Chilischote

Die Schokolade im Wasserbad schmelzen. Die Chili halbieren und in der heißen Schokolade etwa 15 Minuten ziehen lassen, dann heraus nehmen. Die Orangenschalen in die Schokolade tauchen und auf Backpapier abkühlen lassen.

Schokoladen-Trüffeln mit Chili

50 ml Sahne
50 ml Crème fraiche
1 kleine rote Chilischote
150 g gute Zartbitterschokolade (mindestens 70 % Kakaoanteil)
50 g Butter
50 g Kakaopulver

Sahne und Crème fraiche aufkochen, vom Herd nehmen. Die Schokolade hacken und in der heißen Sahne auflösen. Chili fein hacken und in die Schokolademischung geben, abkühlen lassen. Die Butter in die handwarme Schokolade rühren, bis die Mischung glatt und glänzend ist. Die Trüffelmasse zugedeckt über Nacht in den Kühlschrank stellen. Mit einem Teelöffel Kugeln abstechen und in dem Kakaopulver rollen.

Drinks

Drinnen wie draußen sind in der kalten Jahreszeit heiße Getränke besonders willkommen. Zaubern Sie beim Winterspaziergang eine Thermoskanne voll heißem Grog hervor – und wenn Kinder dabei sind, noch eine Kanne voll Kinderglühwein: das gibt bestimmt ein großes Hallo!

Holunderblütengrog mit Ingwer und Zimt

Ergibt 4 Portionen

1 Zimtstange
3 cm-Stück frischer Ingwer, in Streifen
1 l Holunderblütensaft (aus Sirup)
Nach Geschmack 1 Schuss Rum

Zimt und Ingwer in einen Teefilter tun und mit einem Band verschnüren. Zusammen mit dem Saft erhitzen, etwas ziehen lassen, dann die Gewürze heraus nehmen. Heiß servieren.

Kinder-Glühwein

Ergibt 4 Portionen

1 Zimtstange
1 cm-Stück frischer Ingwer, in Streifen
3 Gewürznelken
500 ml schwarzer Johannisbeersaft
500 ml Apfelsaft
50 g Mandeln, abgezogen und gehackt
50 g Rosinen

Zimt, Ingwer und Gewürznelken in einen Teefilter tun und mit einem Band verschnüren. Zusammen mit dem Saft erhitzen, etwas ziehen lassen, dann Mandeln und Rosinen zugeben und die Gewürze heraus nehmen. Heiß servieren.

Kakao mit Kardamom

Ergibt 4 Portionen

100 g gute Zartbitterschokolade
6 El Rohrzucker
4 El Kakaopulver
4 Tl Kardamom, zerstoßen
1 l Milch

Schokolade im Wasserbad schmelzen. Zucker, Kakaopulver und Kardamom einrühren, dann langsam die Milch zugeben. Heiß servieren, nach Geschmack mit Schlagsahne und geraspelter Schokolade garnieren.

Engel

Diese zwei Engelchen können es gar nicht erwarten, bis das Christkind endlich kommt. Zur Feier des Tages haben sie sich besonders schön herausgeputzt. Nun brennen auch schon die Kerzen am Christbaum, da kann es nicht mehr lange dauern!

Frostklare Wintertage

Frost

Frostklare Wintertage, wo der Schnee wie eine weiche, weiße Decke über Feldern und Wiesen liegt – das wünschen wir uns wohl alle zur Weihnachtszeit. Im Winter nimmt die Natur ganz andere, schärfer umrissene und auf neue Weise faszinierende Formen an. Wer mit offenen Augen durch die Welt geht, entdeckt jeden Tag etwas Neues!

Glasglocken

Klares, glänzendes Kristallglas passt ganz besonders gut in die Winterzeit, denn es wirkt dann gerade so, als hätten Sie sich Eisskulpturen ins Haus geholt. Diese Sammlung von Glasglocken eignet sich, um damit Stillleben aller Art zusammen zu stellen: Sterne und Kerzen, Kucken, Glaskugeln und Pflanzen – die Liste ist endlos. Schauen Sie nach, was sich in Ihren Weihnachts-Schatzkisten findet und wechseln Sie die Dekoration von Zeit zu Zeit, damit man immer etwas Neues bewundern kann. Vielleicht befindet sich bereits eine Glasglocke in Ihrem Geschirrschrank, etwa ein Erbstück von der Großmutter oder ein Zufallsfund vom letzten Flohmarkt. Es ist auf jeden Fall eine großartige Gelegenheit, eine ganz neue Sammlung zu beginnen.

Wie im Palast der Schneekönigin fühlt man sich beim Anblick dieser prächtigen Glasglocken-Sammlung.

Glasklar und prächtig

Wie Schneebälle glitzern die Marzipanpralinen auf der gläsernen Tortenplatte. Die antike Käseglocke passt genau darüber.

Unter der antiken Käseglocke prangt eine Miniatur-Landschaft aus Islandmoos und einem großen Pinienzapfen. Daran hängt ein schlichter Tannenkranz mit einer einzelnen Christbaumkerze.

Nostalgischer Christbaumschmuck kommt unter der antiken Käseglocke besonders gut zur Geltung.

Zuckerguss und Stechpalme

Die hohe Glasglocke bietet zur Adventszeit immer wieder neuen Stillleben Platz. Diese Woche ist es ein Bündel Kerzen, schön verschnürt und mit einer Glitzergirlande verziert.

Einfach zum Anbeißen ist der traditionelle englische Weihnachtskuchen, stilecht mit Zuckerguss und Stechpalmenlaub verziert.

Großmutters Christbaumschmuck wird unter der Mini-Glocke dekorativ zur Schau gestellt.

Tortenständer und Käseglocke aus Kristallglas – eine wunderbare Kombination, um kleine Schätze stilvoll zu präsentieren.

Schön und praktisch: die hohe, schmale Glocke hat oben ein Loch, wodurch sie als Bindfadenspender wie geschaffen ist.

Ein richtiger Kuchen-Palast – obwohl diese antike Glasglocke mit feiner, geschliffener Verzierung eigentlich für Käse gedacht ist!

Herzen

Weihnachten ist das Fest der Herzen, daher kann man gar nicht genug davon in der Wohnung haben. Hier haben wir ein paar süße Sachen unter das Thema gestellt.

Süße Marzipanherzen

Das Lieblingskonfekt der Kinder!

Herz-Ausstechformen
200 g Marzipan-Rohmasse
100 g Mandeln, abgebrüht und fein gehackt
Mark einer Vanillestange
1 Ei, getrennt
Puderzucker zum Ausrollen
Zuckerglasur, am liebsten Rosa

Marzipan, Mandeln, Eiweiß und Vanillemark gut miteinander verkneten. Puderzucker auf Backpapier streuen und die Marzipanmasse darauf 6–7 mm dick ausrollen. Herzen ausstechen. Den restlichen Teig zu dünnen Würsten formen und die Herzen entlang der Kanten damit belegen. Mit einem Zahnstocher Muster hinein drücken.
Das Eigelb mit 2–3 Esslöffeln Wasser verquirlen und die Herzen damit einpinseln. Bei 200 °C 5–6 Minuten backen, dann mit der Glasur füllen (s. Abbildung).

Englischer Porterkuchen mit Herzdekoration

Dieser Früchtekuchen wird tatsächlich mit Porter, einem englischen Starkbier, gebacken. Das gibt ihm ein wunderbar rundes, volles Aroma.

Ergibt 2 Kuchen

250 g Butter
350 g Zucker
1 Flasche Porter
3 Eier
450 g Korinthen
250 Rosinen
50 g Pomeranzen-
(Bitterorangen-)schale, gehackt
500 g Mehl
1 Tl Natron
1 Msp Nelkenpfeffer, zerstoßen
1 Msp Zimt, zerstoßen
1 Msp Gewürznelken, zerstoßen

Butter zerlassen und mit Zucker, Eiern und Bier verrühren. Rosinen, Korinthen, Pomeranzenschale und Mehl zugeben und alles zu einem glatten Teig verarbeiten.
Zwei 1–1½ Liter-Kastenformen einfetten, den Teig hinein füllen und bei 175 °C 1½ Stunden backen. Mit einer Stricknadel prüfen, ob der Kuchen fertig gebacken ist. Es darf beim Herausziehen der Nadel kein Teig mehr anhängen.
Den Kuchen auf dem Kuchenrost abkühlen lassen, dann aus der Form nehmen und in Scheiben schneiden. Zum Dekorieren eine Pappschablone in Herzform zurecht schneiden, auf die Kuchenscheiben legen und Puderzucker darüber sieben.

Im Winter

Winterzeit ist Eis-Zeit: Überall können wir die tausend Formen bewundern, die das Wasser in der Natur unter Frosteinwirkung annimmt: Eiszapfen, Raureif, Eisblumen und Schnee ... Da kann man es kaum erwarten, bis der See endlich zugefroren ist und die Schlittschuhe hervor geholt werden können.

Hinaus mit den Schlittschuhen

Jahreszeit für coole Schönheiten

Auch zur Adventzeit muss man auf frische Blumen nicht verzichten, denn nun ist die Zeit der Hyazinten, Rosen, Narzissen, Weihnachtssterne und Christrosen. Wir haben hier ein paar frische Dekorationsideen für Sie zusammen getragen.

Christrosen. In freier Natur stehen sie unter Naturschutz und blühen erst ab Januar. Man kann sie jedoch schon zur Weihnachtszeit im Blumengeschäft kaufen. Hier haben wir sie in einen alten Keramiktopf gepflanzt und die Erde mit Islandmoos abgedeckt. Dazwischen stecken ein paar Christbaumkerzen. Die Kerzenhalter sind aus starkem Stahldraht schnell selbst gemacht.

COUNTRY HOUSES OF FRANCE
COUNTRY HOUSES OF FRANC
THE SIMPLE HOME
JULIA BIRD · PHOTOGRAPHS BY PIA TRY

Amaryllis entfaltet zumeist vier große Blüten, die sich in alle Himmelrichtungen wenden. Die weiße Amaryllis bildet hier Teil eines Stilllebens mit Hyazinthen und Jasmin, die allesamt in dekorativen gläsernen Vasen stecken.

Hyazinthen kann man in eigens dafür bestimmten Glasgefäßen ziehen. Hier wurde ein Tragekorb mit Wassergläsern als Hyazinthenvase zweckentfremdet.

Weihnachtsstern ist aus der Adventszeit nicht wegzudenken. Hier dient er einmal nicht als Topfpflanze, sondern als Schnittblumendekoration. Die Blüten wurden zusätzlich mit Silberglitter verziert.

Narzissen. Für eine wahrhaft leuchtende Blütenpracht wurden hier lange, hohe Kerzen mit in die Vase gesteckt. Achtung: die Kerzen rechtzeitig löschen!

Kiefernzapfen

Hinein in Mäntel und Jacken und hinaus in den Wald, um Kiefern- und Tannenzapfen zu sammeln! Sie eignen sich nämlich einfach wunderbar für eine Vielfalt von Adventsdekorationen.

Eine Phalanx aus Kiefernzapfen und Stumpenkerzen dient hier als Tischdekoration. In den Trinkgläsern stecken Lärchenzweige mit Zapfen, an denen Namenskärtchen befestigt sind.

Einfach, aber wirkungsvoll: Hier besteht die Tischdekoration aus einem großen Teller voller Kiefernzapfen. Dazwischen stecken mit Moos umwickelte Reagenzgläser mit Rosenblüten.

Pinienzapfen sind sehr eindrucksvoll. Wer keine in der Nähe findet oder von der letzten Mittelmeerreise mitgebracht hat, findet sie zuweilen auch beim Floristen oder im Dekogeschäft.

Kiefernzweige, dicht an dicht mit Zapfen behängt, sind einfach wunderschön – aber zum Pflücken eigentlich viel zu schade.

Winterschmuck

Laternen

Die Tage werden immer kürzer, sodass man auch draußen die Lichter anzünden muss – zum Beispiel, wenn man Gäste erwartet. Da wirken schön verzierte Laternen mit echten Kerzen doch gleich viel einladender und stimmungsvoller.

Draußen brennt ein Licht

Moos

Versuchen Sie es statt mit dem altvertrauten grünen Moos doch einmal mit dem weißgrauen Islandmoos – das setzt ganz andere Farbakzente!

Weihnachtsschmuck für eine Fee: Ein altes Gefäß aus Sandstein wurde ganz mit weißem Moos ausgepolstert. Um den Rand liegt ein silbernes Glitzerband und mitten im Moos steckt eine weiße Rosenblüte, die wir an den Rändern mit Klebstoff bestrichen und dann in Silberglimmer getaucht haben. Zum Schluss wurde eine Handvoll Perlmuttperlen darüber verstreut.

In neuem Glanz erstrahlt der alte Topfeinsatz aus Draht: Mitten in einem dichten, mit getrockneten weißen Rosenblüten verzierten Moospolster steht eine dicke Stumpenkerze.

Moos-Sterne sind mit schlichten Bindfädenschleifen an einer Buchsbaumgirlande befestigt. Dafür feuchtes Moos in Ausstechformen pressen, gut trocknen lassen und mit ewas Silberglimmer verzieren.

Moos-Sterne

Glitzerdraht und Perlen

Der zarte Türkranz ist schnell gemacht: Feuchtes Moos und Efeu mit Blumendraht zu einem Kranz binden. Nach dem Trocknen Perlmuttperlen darauf festkleben – fertig.

Stimmungsvolle Windlichter: Gewässertes Moos auf Draht aufziehen und an dem Glas befestigen. Nach dem Trocknen Herzen aus Zeitungspapier ausschneiden, mit Glitzerband und Perlen verzieren und auf die Girlande kleben.

Nikolaus

Ob der Nikolaus unsere Stiefel vor der Tür heute Nacht auch nicht vergessen wird? Die kleinen Weihnachts-Zwerge haben die Schuhe schon schön blank geputzt und können es gar nicht erwarten, bis es Abend wird ...

Nikoläuse

Oliven

Schon seit alter Zeit sind Olivenzweige nicht nur Sinnbild des Sieges, sondern vor allem auch des Friedens. Sie sind ein Gast aus dem sonnigen Süden, dem Heimatland Jesu und passen wunderbar zu unserem traditionellen nordischen Tannenschmuck.

Ein schmucker Verschluss: Verschenken Sie Gutscheine und kleine Aufmerksamkeiten in einer Papiertüte, durch die oben ein kleiner Olivenzweig hindurch gezogen wurde. Für die Löcher nehmen Sie einen Büro-Locher. Streifen und Sternen mit der Zackenschere ausschneiden, aufkleben und mit Glitter und Silberband dekorieren. Einfach, aber eindrucksvoll.

Einfach edel: Der Weihnachtsstrumpf aus weißem Organza wurde mit Silberkugeln und Olivengrün gefüllt.

Ein großer Pinienzapfen steht in einer dekorativen Glasschale. Drum herum liegt eine Girlande aus Olivenzweigen und Glitterband. Mit etwas Blumendraht kein Problem.

Silberband und Glitter

Stilvolle Tischkärtchen und Paketkarten: einfach mit Glitzerleim beschriften und je einen kleinen Olivenzweigen aufkleben.

Friede sei mit euch. Starken Draht mit einer Glitzergirlande umwinden und daraus einen Henkel für ein Weckglas formen. Ein wenig grobes Salz in das Glas geben, eine Stumpenkerze hinein stellen und den Henkel mit einem Olivenzweig verzieren. Ein einladendes Licht für den Vorgarten.

Tischdekoration. Statt Platzsets liegen hier Olivenkränze auf großen Platztellern. Das Laub schaut dekorativ unter dem Essteller hervor. Dafür Olivenzweige auf Drahtringen festbinden.

Kerzen-Schmuck. Die große Stumpenkerze ist mit einer Girlande aus weißem Islandmoos, Glitzerband und Olivenlaub verziert. Das Moos ist sehr brüchig und muss vor dem Verarbeiten gut gewässert werden. Es empfiehlt sich, selbstlöschende Kerzen zu nehmen, damit das Gebilde kein Feuer fängt.

Ein Kranz aus Silbermoos

Die Fenstergirlande besteht aus Olivenzweigen und Wacholdergrün. Daran hängen antike Christbaumkerzenhalter. Die schweren Metallsterne halten die Kerzen lotrecht.

Lange Kerzen stecken in dem Zinkeimer, in den ein Olivenbäumchen gepflanzt ist. Hübsch dazu: die transparenten Glaskugeln.

Das Oliven-Weihnachtsbäumchen ist mit silbernen Mini-Christbaumkugeln geschmückt.

Oliven stammen ursprünglich aus dem sonnigen Süden. Mittlerweile sieht man sie auch bei uns immer häufiger – hier allerdings in Veranda und Wintergarten.

Papier

Papier ist wohl eines der schönsten und vielseitigsten Bastelmaterialien. Besonders die Kinder beschäftigen sich gern damit. Es muss gar kein teures Dekopapier sein – man kann aus einfach allem, was sich so zu Hause findet, eindruckvolle Sachen basteln!

Mit Liebe verpackt

Die Weihnachtsgeschenke Weihnachtsgeschenke werden verpackt. Anna und Marie helfen Mama dabei, denn das Warten ist sonst einfach nicht auszuhalten!

Papas Geschenk ist in braunes Packpapier gewickelt. Die Kinder haben mit der Zackenschere einen braunen Stoffstreifen ausgeschnitten und auf ein breites Band aus weißem Zeichenpapier geklebt. Darauf hat Mama noch einen goldenen Glitterstern gemalt.

Zeitungspapier ist unglaublich dekorativ, denn man kann es einfach mit allem kombinieren. Auf der hübschen Paketkarte aus Karton, Glanzbildern und Glitterleim steht, dass dies Geschenk für Opa ist!

Die Fähnchen-Girlande für den Weihnachtsbaum haben die Kinder selbst gebastelt. Buntes Zeitungspapier mit Alufolie und Glitterleim verzieren und mit der Zackenschere Dreiecke ausschneiden. Je zwei Dreiecke entlang eines langen Bindfadens links auf links zusammen kleben.

Omas Geschenk ist passend zu Opas Geschenk verpackt: Diesmal prangt ein Zierband aus Zeitungspapier auf der weißen Verpackung. Anna hat noch ein paar Tannenzapfen darauf gestempelt und alles mit braunem Bindfaden verschnürt.

KURSEN PÅ EN EURO
KRONEMARKEDET
RENTESATSER
Euroland Repo
Japan diskonto
3.25 %
0.10 %

Quilts

Quilt, das amerikanische Wort für Patchwork, wird auch bei uns immer gebräuchlicher. Die altehrwürdige Kunst des Stoffrecyclings ist in den USA eine echte Kunstform.

Anne quiltet eine Patchworkdecke für ihre Freundin. David hat dabei geholfen, die kleinen hexagonalen Stoffflicken nach einer Schablone zuzuschneiden. Anschließend werden die Flicken nach einem bestimmten Muster zusammen genäht und mit je einer Lage Volumenvlies und Stoff unterlegt. Zum Schluss wird das Ganze entlang der Konturen von Hand mit Heftstichen zusammen gesteppt – eine Fleißarbeit, die wie geschaffen ist für lange Winterabende!

Rosen

Winterweiße Rosen, Ranunkeln, Flieder, Anemonen, Hyazinthen, kombiniert mit Kiefernzweigen und weißen Christbaumkugeln – kein Zweifel, nun ist bald Weihnachten.

Schlittenfahrt

Nicht jeder hat das Glück, im hohen Norden zu wohnen und auch noch über einen Hundeschlitten zu verfügen. Doch wenn es bei uns einmal schneit, sollte man das unbedingt ausnutzen. Hinein in Mütze, Schal und Handschuhe, den Rodelschlitten aus dem Keller geholt und nichts wie hinaus in die weiße Wunderwelt. Doch wer keinen Schlitten hat und angesichts der unsicheren Wetterlage hierzulande nicht gern in so ein edles Teil investieren möchte, braucht keinesfalls Trübsal zu blasen: Inzwischen gibt es eine Riesenauswahl von preiswerten Rutschtellern zu kaufen, die genau das Richtige sind für die meist viel zu kurze Saison im Schnee!

Stille liegt über dem Land

Tellerschmuck

Wir haben den Gedecken auf der weihnachtlichen Festtafel ganz besondere Aufmerksamkeit geschenkt: Die Stoffservietten sind frisch gebügelt, das Silber poliert und auf jedem Teller liegt eine liebevoll gebastelte Platzkarte mit dem Namen des Gastes.

Die Weihnachtstafel ist ganz in Rot und Weiß gehalten. Die weißen Stoffservietten ziert eine Schleife aus ausgefranstem Karostoff. Die Namenskärtchen aus Karton sind mit einem Glanzbild beklebt.

Nostalgischer Stilmix: Auf dem cremeweißen französischen Geschirr steht ein Teller mit kolbaltblauem Muster. Die Serviette aus Grobleinen ziert eine Spitzenschleife und ein Herzchen aus buntem Karton.

Eine brennende Christbaumkerze steckt an jedem Tellerrand. Daran ist ein Wacholderzweig mit einer handbeschrifteten Platzkarte aus Karton befestigt. Silberkugeln dienen als Tischdekoration.

Schlicht und schön: Der rustikale Holztisch braucht kein Tischtuch. Auf den einfachen cremeweißen Tellern liegen Leinenservietten. Sie werden von einem Stück Bindfaden gehalten, an dem ein Holzbrettchen mit Namenszug hängt.

Unbeschwert

Auch im Winter kann man draußen viel Spaß haben. Wenn es schneit, bauen wir eine Schneefamilie in den Garten und machen Schneeballschlachten, bis uns der Matsch in die Stiefel rinnt und der Frost in die Nase beißt. Dann ist es einfach herrlich, am knisternden Kaminfeuer wieder aufzutauen!

JUL

Verschenken

Stimmungsvolle Windlichter. Ein Trinkglas entlang der Oberkante mit Klebstoff bestreichen und in Silberglitter tauchen. Knapp darunter eine Schleife befestigen. Zur Hälfte mit Reis oder grobem Salz füllen und ein Teelicht hinein stellen.

Selbst gemachter Himbeeressig. Frische oder gefrorene Himbeeren in eine saubere Flasche geben und mit Speiseessig auffüllen (1 Teil Beeren auf 3 Teile Essig.) Die Flüssigkeit nimmt sehr schnell Farbe an, doch vor dem Gebrauch sollte der Essig mindestens 1 Monat lagern.

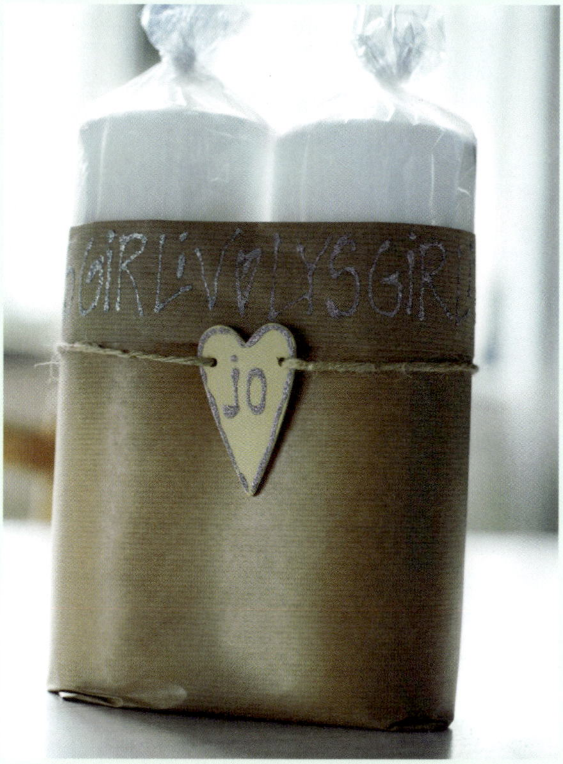

Licht ist Leben. Eine hübsche Verpackung für zwei große Stumpenkerzen: Entlang der Oberkante eines braunen Packpapierbogens mit Silberstift endlos „Licht ist Leben" (oder etwas anderes) schreiben, sodass sich eine Zierborte ergibt. Dann das fertig eingepackte Geschenk mit einem Bindfaden verschnüren, auf das ein ebenfalls mit Silberstift verziertes Kartonherz gefädelt wurde.

Würziges Kräutersalz. Grobes Meersalz zu gleichen Teilen mit „Kräutern der Provence" (oder einer Mischung aus Oregano, Thymian und Basilikum) mischen und in ein dekoratives Glas füllen. Wir haben es mit Bindfaden verschnürt, an dem ein selbst gemachtes Karton-Etikett hängt. Dieses Kräutersalz ist praktisch universell einsetzbar – zum Kochen, in Salatsaucen oder zum Würzen von Butter oder Quark.

Kleine Aufmerksamkeiten

X-mas, Christmas, Weihnachten

Wir kennen wohl alle die Variante „X-mas" für das englische „Christmas" oder Weihnachten. Die wenigsten wissen jedoch, dass diese Schreibart nicht der amerikanischen Popkultur entsprungen ist, sondern schon Jahrhunderte alt ist und ursprünglich von dem griechischen Buchstaben „Chi" (X) stammt – einer geläufigen Abkürzung für „Christus."

Christus ist geboren

Die Kerzen brennen im Weihnachtsbaum – nun ist endlich Weihnachten! Die Tradition des Tannenbaums kann ebenfalls auf eine lange Entstehungszeit zurück blicken. Schon seit alter Zeit galt Immergrün als Symbol der Lebenskraft und der Hoffnung. Das nordische Julfest war ursprünglich die Feier der Winter-Sonnenwende. Mit dem Aufkommen des Christentums gingen beide Anlässe ineinander über, denn die Geburt des Heilands symbolisiert ebenfalls die Wiederkehr des Lichtes in einer dunklen Zeit.

Glaskugeln & Kerzenlicht

Niedrige Räume wirken höher, wenn Wände und Decke – und, wie hier, auch der Fußboden und sogar die Möbel – ganz in Weiß gehalten sind. Da kann der Christbaum ruhig bis an die Decke reichen, ohne dass man sich dadurch beengt fühlt. Der Christbaumschmuck beschränkt sich auf schlichte weiße Kerzen, Glaskugeln und Filzblumen, und passt daher gut zur übrigen Einrichtung.

Ein großes Wohnzimmer ist zur Weihnachtszeit einfach ideal. Der Christbaum kann gar nicht groß genug sein, damit alle Geschenke darunter passen. Der Baum mit seinen Glaskugeln, Glasherzen, getrocknete Rosenblüten, Silberschleifen und Stearinkerzen ist ein Traum in Weiß und Silber. Selbst die Geschenkverpackung – braunes Papier mit roten Schleifen – passt perfekt in das Gesamtbild.

Das Kaminzimmer ist eingerichtet wie eine englische Bibliothek: Die Bücherregale gehen bis zur Decke und umranden sogar das Fenster. Bequeme Sofas gehören unbedingt dazu. Der Christbaum vor dem Fenster passt sich wunderbar in die symmetrische Anordnung ein.

Der Christbaum wird gemäß der jahrelangen Tradition in dieser Familie erst am letzten Sonntag vor Weihnachten direkt aus dem Wald geholt – dieses Glück hat natürlich nicht jeder ...

Der Weihnachtsschmuck ist hier ganz in Rot gehalten: Herzen, Glaskugeln, Sterne und anderer Zierrat – wenn er nur rot ist! Die Plüschtiere der Kinder halten den Platz unter dem Christbaum frei, bis der Weihnachtsmann dort seine Pakete ablegt.

Ganz in Winterweiß ist diese Stube im Bauernstil gehalten. Die alten Chesterfield-Sessel haben einen neuen Bezug aus Grobleinen bekommen. Man sieht, dass der Kamin hier regelmäßig gebraucht wird, denn an einer Wand stapelt sich das Holz fast mannshoch. Links und rechts vom Kamin hängen große Weihnachtsstrümpfe, die am Weihnachtsmorgen mit Geschenken gefüllt werden.

Da die Stube recht eng ist, wurden die untersten Zweige des Christbaums entfernt. Der selbst gebastelte Schmuck besteht aus antiken Kuchenformen, an denen Glasprismen von alten Kronleuchtern hängen, sowie aus silbernen Glasherzen.

deles
i går
dag
i morgen

Yesterday: Traditionen bewahren

In Skandinavien fiel der kürzeste Tag des Jahres lange Zeit auf den 13. Dezember, dem Festtag der heiligen Lucia von Syrakus. Daraus entwickelte sich hier eine ganz eigene Weihnachtstradition.

Lucia-Brötchen

Solche Safranwecken gehören zum Luciafest einfach dazu.

Ergibt 30 Wecken

75 g Butter
250 ml Milch
25 g Hefe
1 g Safran (ca. ½ Tl)
1 Tl Zucker
1 El kochendes Wasser
1 Ei
5 El Zucker
500 g Mehl
verquirltes Ei zum Einpinseln
Rosinen zum Verzieren

Butter zerlassen und in eine Schüssel gießen. Milch und Hefe darin verrühren. Safran mit 1 Tl Zucker zerstoßen, mit einem Esslöffel kochendem Wasser verrühren und zu der Milch-Hefemischung geben. Zuerst Eier und Zucker, dann das Mehl zugeben und alles zu einem glatten, jedoch nicht zu festen Teig verkneten. 30 Minuten gehen lassen.
Den Teig nochmals durchkneten und zu ca. 30 Würsten rollen. Diese zu Schnörkeln formen. Auf ein mit Backpapier ausgelegtes Backblech legen, mit Ei einpinseln und mit Rosinen verzieren. Nochmals 20 Minuten gehen lassen, dann bei 225 °C etwa 15 Minuten backen.

Schon seit alter Zeit kündigt die Luciabraut in Skandinavien, besonders in Schweden, die Wiederkehr des Lichtes an. Dafür führt traditionell die älteste Tochter des Hauses einen feierlichen Umzug an. Sie und ihre Begleiterinnen sind ganz in Weiß gekleidet und tragen brennende Kerzen in den Händen. Die Luciabraut trägt meist einen Kranz aus Kerzen auf dem Kopf. Hinterher verzehrt man Mengen von Safranbrötchen, die so genannten Lussekatter!

Gran Canaria og
I alt vil rejsebureau
Holiday
Kreta og
kroner i

Zickzack

Haus und Christbaum sind geschmückt, die Geschenke verpackt – nun ist Zeit für die letzten kleinen Handgriffe. Die von der Weihnachtsbastelei übrig gebliebenen Papierschnipsel sind doch viel zu schade zum Wegwerfen. Wir haben daraus dekorative Paketkärtchen gemacht, damit beim Geschenke verteilen später keine Verwechslungen entstehen!

Ruckzuck mit der Zackenschere

Äpfel

Duftende, rotbackige Äpfel sind natürlich zum Essen da – aber vorher helfen sie uns dabei, die Adventszeit mit Farbe und Leben zu erfüllen!

Eine knackige Türgirlande. Dicken, zweifarbigen Bindfaden auf eine große Stopfnadel ziehen und abwechselnd kleine rote Äpfel und Moosbüschel aufziehen. Das Moos dafür vorher gut wässern. Die Girlande macht sich auch hübsch im Fenster.

Süße rote Äpfelchen

ANN

Äpfel, Rosen und Kerzen Kerzen in einer ungewöhnlichen Kombination dienen hier als Tischdekoration. Abwechselnd eine Christbaumkerze oder eine Rosenblüte in einen Apfel stecken und die „Kerzenhalter" noch zusätzlich mit Glitterleim dekorieren.

Platzanweiser. Mit Glitterleim beschriftete Stechpalmenblätter sind mit zweifarbigem Bindfaden an den Stielen von besonders schönen roten Äpfeln befestigt. Die Blätter wurden an den Rändern mit Klebstoff bestrichen und in Silberglitter getaucht.

Apfelkranz mit Efeu. Äpfel auf starken Blumendraht aufziehen und oben an einem traditionellen Tannenkranz befestigen. Dazwischen mit Silberglitter verzierte Efeublätter locker verteilen.

Öffnet die Herzen…

Weihnachten ist die Zeit der Liebe. Wir beschenken die Menschen, die uns am Herzen liegen und denken auch an diejenigen, die weniger Glück im Leben haben als wir. Wir genießen die kurze Zeit der seligen Nostalgie und hoffen insgeheim, dass all die liebevollen Gedanken die Welt im kommenden Jahr ein wenig besser machen …

Friede auf Erden …

Notizen

Notizen

Danke

Vielen Dank an Grafidesignerin Nanna Kanneworff, die wirklich ein kleines Kunstwerk aus diesem Buch gemacht hat.

Ein ebenso großer Dank an die Redakteurin Dorte Einarsson. Nach jemandem, mit dem man so gut zusammenarbeiten kann, muss man wirklich lange suchen.

Ein Dankeschön an alle, die uns in ihre weihnachtlich geschmückten Stuben gelassen haben, um ihr Weihnachtsfest zu fotografieren. Das waren viele schöne und anregende Stunden. Wir sind Ihnen wirklich sehr dankbar – denn ohne Ihr Engagement, Ihr Verständnis und Ihren guten Willen wäre weder die Presse noch die Verlagsbranche das, was sie heute ist.

Besonderer Dank an die folgenden Familien:
Nina Gustafsson, Randi Steenberg, Jeannette Riis, Kiki Dantved, Christina Rohde, Lise Munch-Andersen, Birgitte Waldall-Grandjean, Lene Seibæk, Anne Bak Weimar, Henriette Heegaard, Charlotte Grænge Larsen – und an deren Kinder Anna und Alberthe, Benjamin und Valdemar, Sarah, Gustav, David, Marie und Rasmus sowie unsere Tochter Anna.

Über uns

Kristian Septimius Krogh absolvierte seine Ausbildung als Werbefotograf in England. Seine Fotos wurden in dänischen und internationalen Einrichtungszeitschriften veröffentlicht.

Lise Septimius Krogh ist Stylistin und Autorin. Sie verfasst Artikel über Essen, Garten, Architektur und Einrichtung für dänische und internationale Einrichtungzeitschriften.

In unserer Ehe hat sich ein gemeinsames Interesse für kreative Ideen und stimmungsvolle Fotografie entwickelt, durch das zahreiche gemeinsame Reportagen im In- und Ausland sowie zwei 2001 und 2003 in Dänemark erschienene Lifestyle-Bücher entstanden. Unser drittes gemeinsames Werk, „AdventsZauber von A–Z", erscheint nun auch in Deutschland.

LISE & KRISTIAN

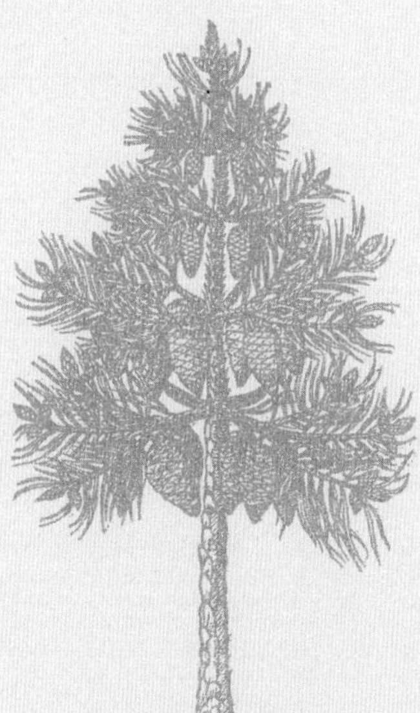